Mit Finger und Spucke

Die Deutsche Nationalbibliothek verzeichnet diese
Publikation in der Deutschen Nationalbibliografie;
detaillierte bibliografische Daten sind im Internet über
http://dnb.d-nb.de abrufbar.

1. Auflage 2021
STEFFEN MEDIA | www.edition-lesezeichen.de

Herausgeber: Irmgard Töpel

Herstellung: STEFFEN MEDIA GmbH
Friedland | Berlin | Usedom
Mühlenstraße 72 | 17098 Friedland
Telefon 039601 274-0
info@steffen-media.de

ISBN: 978-3-941681-55-2

Alle Rechte vorbehalten. Kein Teil des Werkes darf in irgendeiner Form
ohne schriftliche Genehmigung des Autors reproduziert oder unter
Verwendung elektronischer Systeme verarbeitet, vervielfältigt oder
verbreitet werden.

Mit Finger und Spucke

Erlebnisse und Bilder

von

Irmgard Töpel

Von mir über mich

Seit meiner Kindheit male ich. Meine ersten Bilder sind in einer Arbeitsgemeinschaft entstanden, die der Friedländer Kunsterzieher Fritz Brandt leitete, ein Könner. Er war durch die Schule Herbert Wegehaupts am Institut für Kunsterziehung der Greifswalder Universität gegangen. Jahre später war ich Studentin an diesem Institut. Die für mich wichtigsten unter meinen Lehrern dort waren der Kunstpädagoge Martin Franz, der aus Berlin stammende Maler Wolfgang Frankenstein und der damals in der DDR lebende Italiener Gabriele Mucchi, Maler, Grafiker und Architekt. In den Jahren, in denen ich als Kunsterzieherin arbeitete, stand die Schule im Vordergrund; gemalt habe ich nur in den Ferien.

1991 riefen engagierte Fachkollegen den Landesverband Mecklenburg-Vorpommern des Bundes Deutscher Kunsterzieher, BDK, ins Leben. Im Westen gab es den BDK und dessen Landesverbände längst. Dieter Fuhrmann, Greifswald, übernahm den Vorsitz des BDK-MV. Ich wurde Mitglied, und das Malen entwickelte sich zu einem festen Bestandteil meines Lebens. Nun konnte ich zu jeder Jahreszeit und an vielen Orten Deutschlands malen, zusammen mit Gleichgesinnten. Hinzu kamen die Osterreisen, die, von Dieter organisiert, in viele Länder Europas führten. Nach dem Eintritt in den Ruhestand, 1997, wurde das Malen noch intensiver, und eine rege Ausstellungstätigkeit setzte ein. 2003 wurde ich Mitglied im Pommerschen Künstlerbund. Neues kam hinzu. Heute blicke ich auf 30 eigene Ausstellungen zurück. In all den Jahren meines Schaffens hatte ich zahlreiche Erlebnisse, die es, wie ich meine, wert sind, erzählt zu werden, darunter lustige und besinnliche, laute und leise, zuweilen seltsame oder gar verrückte. Eine Auswahl befindet sich hier in diesem Büchlein, mit dem ich Ihnen, lieber Leser, viel Vergnügen wünsche.

Blick zum Burgwald bei Neubrandenburg-Monckeshof · Aquarell, 11 × 17 cm, 1975 — Dieses kleine Aquarell ist während einer Weiterbildungswoche für Kunsterzieher entstanden.

Von mir über mich	A
»Das kann nur Zufall sein!«	1
Kopeken und Perestroika	2
Unter Hochspannung	3
Südliches Allerlei	4
Verrückte Künstler	5
Nasen an der Fensterscheibe	6
Malheur in Brügge	7
Unverhoffte Begegnung	8
Nebel wartet nicht	9
In den blauen Bergen	10
Verpaßte Gelegenheit	11
Berlin, Berlin	12
Wasser vom Tatort	13
Zu Fuß übers Wasser	14
Ein berühmtes Café	15
Die Hofmaler	16
Vorhang auf!	17

Inhaltsverzeichnis

Enge Gassen, hohe Türme	18
Mensch, Mayer!	19
Hand in Hand	20
Mit Finger und Spucke	21
Bei Commissario Brunetti	22
Überschwemmung, Überraschung	23
Gold im Bauch	24
Erbe aus Beton	25
Auf den Spuren der Lehndorffs	26
»Bloß nicht aufräumen!«	27
»Malen, warum denn mich?«	28
Süßes auf der Straße	29
Sand ohne Ende	30
Unterwegs nach Stettin	31
Im Tante-Emma-Laden	32
Dann lieber Kaffee und Kuchen	33
Was noch zu sagen ist	B

»Das kann nur Zufall sein!« 1

Wer so wie ich Ende der 1950er Jahre am Institut für Kunsterziehung der Greifswalder Universität studierte, lernte nicht, Aquarelle zu malen. Es galt die Ansicht Professor Wegehaupts, das Erlernen der Aquarelltechnik sei für Studenten der Kunsterziehung viel zu schwierig und (deshalb) auch nicht notwendig. Schließlich sollten diese Studenten ja keine bildenden Künstler werden, sondern Lehrer für das Unterrichtsfach Kunsterziehung. Wegehaupt war der Meinung, wenn ein Student der Kunsterziehung es schaffe, ein gutes Aquarell zustande zu bringen, dann könne das nur Zufall sein, und Zufälle mochte er gar nicht, mehr noch, er lehnte sie rundheraus ab.

Gehen wir noch ein Stück in der Zeit zurück, in das Jahr 1954. Damals war ich Schülerin der 8. Klasse, und natürlich wußte ich von Wegehaupt noch nichts. Bei einem Ausflug in die unweit Friedlands liegenden Brohmer Berge mit meinem Zeichenlehrer Fritz Brandt, den ich sehr mochte und der auch Wegehaupt-Schüler gewesen war, malte ich ein Aquarell, im Wald sitzend, umgeben von hohen Fichten, durch deren rauschende Kronen die Sonne zu mir herunter schien. Dieses Bild (s. linke Seite) schien gut geworden zu sein, denn als mein Lehrer es betrachtete, sagte er zu mir: »Das kann doch nur Zufall sein!« Natürlich freute ich mich. Ich nahm seine Worte als Anerkennung. Heute weiß ich: Ein Aquarell zu malen, ist tatsächlich sehr schwierig. Gerade deshalb hat dieses erste Aquarell meines Lebens einen besonders großen Wert für mich. Oft nehme ich es zur Hand und betrachte es.

Angelversuch am Tollensesee · Aquarell, 11 × 20 cm, 1958 — Linke Seite: **In den Brohmer Bergen** · Aquarell, 16 × 8 cm, 1954 — Obwohl das große Aquarell deutlich früher entstanden ist, ist es gewiß das bessere. Dies dürfte auf das fachliche Können von Fritz Brandt zurückzuführen sein.

Getümmel auf dem Arbat, der alten Künstlerstraße, das es so wohl nur in der Zeit der Perestroika gab, hinten das Außenministerium, errichtet im sog. Stalinschen Zuckerbäckerstil · Bleistift, Zeichnung im Skizzenbuch, 1989 — Oben: **Blick vom Südufer der Moskwa hinüber zum Kreml**, vorn der Wasserzugturm, links von ihm die Rüstkammer und der Borowitzki-Turm, rechts von ihm der Große Palast sowie die Kathedralen und der Glockenturm *Iwan der Große* · Aquarell, 11 × 15 cm, 1989

Kopeken und Perestroika

2

Im Juli des Jahres 1989 war ich mit meinem Sohn in Rußland. Den Abflug nach Leningrad hätten wir verpaßt, wären wir nicht namentlich aufgefordert worden, endlich zur Maschine zu kommen. Dieses Versehen verschaffte uns das zweifelhafte Vergnügen, von der gesamten Kabinencrew, die sozusagen Spalier stand, empfangen zu werden. In Leningrad, heute Sankt Petersburg, genossen wir vier Tage lang die Pracht der Paläste, die Weiträumigkeit der Stadt und die Newa-Brücken. Die Weiterfahrt nach Moskau fand mit einem Nachtzug statt. Auf dessen Abfahrt wartend, standen wir mit anderen Reisenden auf dem Bahnsteig, als eine alte Frau mit Kopftuch, wie meine Mutter es getragen hat, zu uns trat, bittend die Hand ausstreckte und nach Kopeki fragte. Ich war fassungslos, ja unbeweglich. Eine Bettlerin, in einem sozialistischen Land! Das konnte doch wohl nicht wahr sein! Auch mein Sohn war überrascht, doch instinktiv tat er das einzig Richtige: Alles Kleingeld, das er bei sich hatte, schüttete er in ihre Hände. Noch heute bin ich ihm dankbar dafür. Daß die alte Frau ihm anschließend die Hände küßte, werde ich nie vergessen.

Auch Moskau bot so manches, was Touristen früher gewiß nicht erlebt haben. Es war die Zeit von Glasnost und Perestroika. Man hatte ein Rundtischgespräch für die ganze Reisegruppe organisiert, in dem es um die Reformen im Lande ging. Am Abend des 25. Juli 1989 fuhr ich mit der Metro zum Arbat. Das, wovon ich gehört hatte, wollte ich nun erleben, es wahrnehmen, aufsaugen, soweit dies mir, dem Kurzurlauber, überhaupt möglich war. Auf dem Arbat, dieser traditionsreichen, weltbekannten Straße, wimmelte es von Menschen. Da waren Alt und Jung, Frauen und Männer, Leute in Trachten, die zusammen mit ihrem Priester religiöse Lieder sangen, um auf ihre Kirche aufmerksam zu machen. Da waren Tänzer, Gaukler, Musiker und Redner, Redner an jeder Ecke, hier einer in Hemd und Krawatte, dort einer mit langen Haaren, barfuß. Überall waren Plakate und Transparente zu sehen, Handzettel wurden verteilt. Kriegsveteranen, die Orden am Jackett, stritten sich mit Künstlern, die ihre Bilder zeigten. Aufbruchstimmung! Als ich einige Tage später vor dem Abflug nach Berlin eine Bettlerin mit Kind sah, gab ich ihr alles, was ich an Geld noch hatte und versuchte so, gutzumachen, was ich in Leningrad versäumt hatte.

Die **Schloßbrücke** in Sankt Petersburg: Blick vom Süd- zum Nordufer der Großen Newa, im Hintergrund der Turm der Kunstkammer · Bleistift, Zeichnung im Skizzenbuch, 1989 · Die Schloßbrücke, 1916 eingeweiht, ist eine von 13 Newa-Brücken im Stadtgebiet von Sankt Petersburg.

Unter Hochspannung 3

Mit Renata Schwarz, einer Lehrerkollegin aus Friedland, bereiste ich im Jahr 1991 meine sudetendeutsche Heimat. Unterkunft hatten wir in Weckelsdorf, und so lag es nahe, die bekannten Weckelsdorfer und Adersbacher Felsen zu besuchen, jene Felsen, die auch Johann Wolfgang von Goethe bei seinen Reisen durch Böhmen erlebt hat. Das war ein großes Erlebnis, das ich so nicht erwartet hatte! In mir stieg die Frage auf, warum ich nicht schon früher hier gewesen war. Ich konnte plötzlich meine Mutter besser verstehen, wenn sie um die Schönheit ihrer verlorenen Heimat barmte.

Der Volksmund hat den einzelnen Felsen Namen gegeben: die Krone, der Zahnstocher, das Liebespaar. Wir gingen zwischen ihnen hindurch wie durch eine verzauberte Welt. Besonders beeindruckt hat mich der Weg durch das Annental, das feucht war wegen des aus vielen Bächen aufsteigenden Nebels. Und dann gelangten wir zum sogenannten Echo, wo uns ein plötzlicher Schauer in einen hölzernen Unterstand trieb. Der Schauer entwickelte sich zu einem heftigen Gewitter, und wer schon einmal ein Gewitter im Gebirge erlebt hat, weiß, was ich meine. Renata zitterte vor Angst, und auch mir war nicht ganz wohl. Aber ich war gepackt von der Atmosphäre, und so holte ich mein Skizzenbuch hervor. Wenig später waren zwei Zeichnungen fertig. Ein kräftiger Grog beschloß diesen Ausflug.

Blick vom Echo · Bleistift, Zeichnung im Skizzenbuch, 1991 — Linke Seite: **Das Liebespaar** (Felsengruppe) · Bleistift, Zeichnung im Skizzenbuch, 1991 (hier vergrößert wiedergegeben).

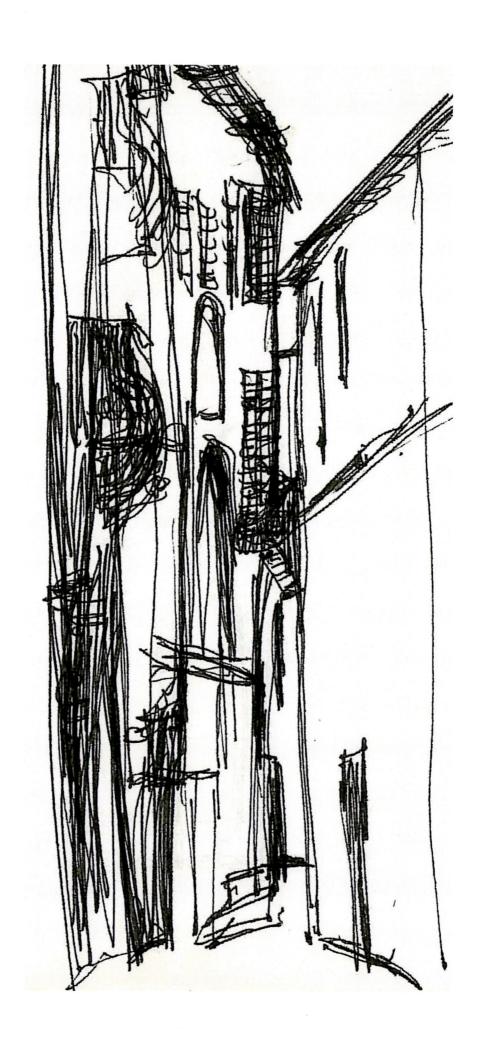

Südliches Allerlei

4

Kunsterzieher reisen nach Italien. So kurz nach der Wende, 1992, ist dies meine erste größere Reise in ein westeuropäisches Land. Hier die Reise in Kurzform: gegen 23 Uhr Ankunft im Hotel Plankenhof in Pill, Bezirk Schwaz, Tirol, vier Stunden verspätet; Frage des Wirtes: »Seid Ihr zu Fuß gekommen?« Nein, waren wir nicht. Am nächsten Tag Frühstück mit Alpenblick · Zwischenhalt am Brennerpaß · in Verona (wunderschön) leider nur eine Stunde Aufenthalt · Finale Ligure: Hotel insgesamt unbehaglich, sogar kalt, nur eine Bettdecke, Mantel zum Zudecken genommen, eisige Bodenfliesen · in Genua enge Straßen, hohe Häuser, schmale Fenster, richtige Häuserschluchten, aber auch Paläste · in Pisa am berühmten Schiefen Turm gewesen; der weiße Marmor und der Rasen bilden Kontrast · in Lucca schmale Gassen ohne Bürgersteige, exotische Balkone, viele Fahrräder · in Florenz viele Touristen, besonders auf der Ponte Vecchio und in deren Nähe · irgendwo unterwegs beeindruckende Marmorfelsen · Monte Carlo · in Monaco Fürstenpalast und Park besichtigt · in Alassio Kette gekauft · wieder in Finale Ligure, jetzt am Ostersonntag, beeindruckendes Gewimmel in den Straßen, man trifft sich, Osterküsse vor dem Kirchgang; Volksfest, alle festlich gekleidet · letzte Übernachtung im Hotel Vomperhof in Vomp, wie Pill im Bezirk Schwaz, zuvor Abendspaziergang, tausende Lichter auf dem Friedhof.

Straße in Verona · Feinliner, Zeichnung im Skizzenbuch, 1992 — Linke Seite: **Streifzug durch Lucca** (schmale, wunderschöne Gassen, überall Balkone, Fenster mit farbigen Läden, flatternde Wäschestücke, Getümmel; so richtig Italien) · Feinliner, Zeichnung im Skizzenbuch, 1992

Stürmischer Tag · Kreide, 40 × 31 cm, 1993 — Rechte Seite: **Winterliches Ufer in Kloster** · Ölpastell, 21 × 30 cm, 1993 · Es handelt sich um jenen Uferabschnitt, der unweit des Heimatmuseums liegt und Hucke genannt wird. Diese Hucke, die, einem Dorn gleich, ins Meer hineinragt, wäre wohl längst verschwunden, wenn sie nicht von einem Wall aus Steinen geschützt würde. Auf dem Bild sieht man, wie die Wellen mit ungebremster Wucht gegen diese Steine klatschen.

Verrückte Künstler 5

Der BDK-MV, von dem vorn bereits die Rede war, hatte schnell Fahrt aufgenommen. In den ersten drei Jahren seines Bestehens waren viele Kunsterzieher Mitglied geworden, die auf unterschiedlichste Weise aktiv werden wollten. Für das erste Wintermalen des BDK-MV hatte Dieter, der nicht nur unser Vorsitzender war, sondern vor allem ein sehr rühriger Organistor, ein geeignetes Quartier gefunden, die Schule in Vitte auf Hiddensee. Daraufhin richteten sich 12 Kollegen, darunter ich, in den Winterferien 1993 dort ein, wobei wir zwei Klassenzimmer, das Lehrerzimmer und die Küche nutzten. Auf den Klappliegen der Hortkinder schliefen nun wir. Das Lehrerzimmer hatte gleich mehrere Funktionen: Es diente uns als Speiseraum für Frühstück und Abendessen, zu abendlichen Auswertungen und zu fröhlichem Zusammensein.

Gleich am ersten Tag stürmte es sehr stark. Aber wir wollten ja malen. Also gingen wir los, warm angezogen, die Malsachen im Rucksack. Wir gingen zuerst ein Stück in Richtung Kloster, dann seitwärts ab zum Hochuferweg. Der Weg dort ist sehr schmal, man kann auf ihm nur hintereinander gehen. Etwas komisch muß es ausgesehen haben, wie unser Trupp den Hang hinaufzog, zumal der Sturm mehr und mehr in ein handfestes Schneetreiben überging. Allmählich dehnte und lichtete sich die Kette, die wir bildeten, denn einige von uns waren bereits fündig geworden. Bald hatte auch ich ein Motiv gefunden, das ich festhalten wollte. Da ein Stehen wegen des Schneesturms nicht möglich war, kniete ich mich auf den eisigen Boden. Das war zwar sehr unbequem, aber anders ging es nicht. Mit brauner Kreide brachte ich sturmgepeitschte Bäume aufs Papier, das Typische dieses Tages. Ein paar Inselbewohner, die vorüberkamen, schauten verwundert, und ich hörte, wie einer von ihnen sagte: »So verrückt können nur Künstler sein.«

Winterkühe · Ölpastell, 28 × 40 cm, 1993 — Oben: **Süderende in Vitte** · Öl, 18 × 24 cm, 1993 — Der Begriff *Süderende* bezeichnet sowohl eine Straße in Vitte als auch den südlichen Teil dieser größten Ortschaft der Insel Hiddensee. Darum nennen sich die Vitter, die dort leben, Süder. Die zotteligen Rinder, die auch im Winter im Freien bleiben, haben mir auf der Stelle gefallen.

Nasen an der Fensterscheibe — 6

Hiddensee, Wintermalen 1993. Sechs aus unserer Gruppe machten sich auf den Weg nach Neuendorf, darunter Hella Reinsch und ich. Zu einem ersten Bild reizten uns gleich hinter Vitte die zotteligen Kühe, die ganzjährig draußen sind. Später malte ich im Schutz einer Fischerhütte den sturmgepeitschten Bodden. Zur Mittagszeit kam der Hunger, sodaß Hella und ich eine Gaststätte suchten, leider vergeblich. Damals nämlich waren die Gastwirte auf der Insel noch nicht auf Winterbesucher eingestellt. Da fiel mir ein, im Konsum vorbeizuschauen, denn ich wußte, daß die Tochter meiner früheren Quartierwirtin dort arbeitete. Richtig, sie war im Laden, und sie war nicht überrascht, als sie von unserem Mißgeschick hörte. Sie kannte ja ihre Insel. Sogleich lud sie uns zu sich nach Hause ein, dort könnten wir Eierkuchen essen. Das war uns sehr lieb, und so saßen wir schon kurz darauf in ihrer behaglichen Küche und ließen es uns schmecken.

Auch die anderen Vier hatten Hunger bekommen und, so wie wir, vergeblich nach einem Wirtshaus gesucht. Mit knurrenden Mägen zogen sie durch das Dorf. Nun ist es so, daß Frau Gaus Haus hart an einem der Neuendorfer Wege steht, und die Küche, in der wir saßen und aßen, hat große Fenster, die bis zum Boden reichen. Gerade an diesen Fenstern kamen nun die Vier vorüber, und, wie das Leben so spielt: Wir sahen sie, sie sahen (und erkannten) uns. Natürlich traten sie näher, drückten ihre Nasen an die Scheiben und sahen uns beim Essen. Schnurstracks kamen sie zu uns herein, und ein paar Minuten später saßen wir dann *alle* an Frau Gaus langem Holztisch, und wir verzehrten so viele Eierkuchen, daß Frau Gau weitere Eier von ihrer Mutter heranschafften mußte.

Sturm am Bodden · Ölpastell, 28 × 40 cm, 1993 — Oft habe ich an der Boddenseite der Insel Hiddensee gemalt, sowohl bei herrlichem Sonnenschein als auch bei trübem Wetter. Noch besser ist jedoch ein zünftiger Boddensturm, den man im Schutze eines Bootsschuppens erlebt.

Am Hafen von Fécamp (Blick zu den Kreidefelsen, hier Gedächtnisskizze) und (oben) **Fécamp, Saint-Étienne** · Feinliner-Zeichnungen im Skizzenbuch, beide 1993 — Rechte Seite: Die **Alabasterküste bei Étretat** (links die berühmte Felsformation Porte d'Aval) · Acryl, 60 × 80 cm, 2011

Malheur in Brügge

Die Osterreise 1993 brachte mich und andere Kunsterzieher über viele Stationen (viel zu viele), darunter Amsterdam, Brügge, Amiens und Paris, in die Normandie zu den berühmten Felsen von Étretat. Nach der Fahrt durch die blumenreichen Landschaften Hollands wurde Brügge, eine Stadt mit zahlreichen Burgen, romantischen Brücken und Kanälen, für mich sogar zum Kriminalfall.

Natürlich hatten mich die schmalen Gassen mit den vielen Geschäften begeistert, besonders die Auslagen mit Spitzen, für die Brügge ja berühmt ist. Was ich erwerben wollte, als ich eines dieser Geschäfte betrat, weiß ich nicht mehr. Aber ich sehe mich noch heute dort stehen, all die schönen Dinge betrachtend, dabei nicht achtgebend auf meine Handtasche, die einen Reißverschluß hatte. Als ich bezahlen wollte, stand sie offen, und die Brieftasche mit Personalausweis und Geldkarte war weg. Großer Schreck! Helga Knaack begleitete mich zur Polizei. Natürlich ist es unmöglich, in einer Stadt wie Brügge einen Taschendieb zu fangen. Außerdem stand der Bus zur Weiterfahrt bereit, der Fahrer wartete. Glücklicherweise hatte ich in einer anderen Tasche noch etwas Geld, sodaß ich den nächsten Tag in Paris doch genießen konnte, etwas ängstlich zwar, da ohne Ausweis, gewiß, aber dennoch zufrieden und auch glücklich.

In Paris, trotz der Kürze der Zeit: Montmartre mit der Sacré-Cœur besucht, von dort herrlicher Blick über die Stadt, an Notre-Dame und am Centre Pompidou vorübergegangen, im Musée d'Orsay gewesen, über Brücken und Quais geschlendert, Kaffee und Eis am Ufer der Seine genossen. — Am folgenden Tag dann Fécamp und die Klippen bei Étretat. Bleibender Eindruck! Ich erstieg die Klippen nicht, denn das hätte zu lange gedauert, und mich dürstete danach, diese gewaltigen Felsen aufs Papier zu bringen. Später erst, zu Hause, setzte ich die Skizzen auf großen Leinwänden um.

Baustelle in Berlin (vom Lehrter Bahnhof aus gesehen) · Aquarell und Feinliner, 18 × 28 cm, 1998 — Oben: Reste einer **Flakstellung auf Hiddensee** · Aquarell, 19 × 30 cm, 1999 — Beide Motive sind heute nicht mehr vorhanden. Die Flakstellung hat man vor einigen Jahren beseitigt (wie die anderen, die es auf der Insel gab), und am Reichstag herrscht längst bauliche Ruhe.

Unverhoffte Begegnung — 8

Im Juli 1993 fuhr ich auf einem vollbesetzten Schiff von Stralsund nach Hiddensee. Nachdem ich einen Sitzplatz gefunden hatte, begann ich damit, einige Mitreisende zu skizzieren. Dies tue ich bei solchen und ähnlichen Gelegenheiten eigentlich immer. An meinem Tisch saß eine Frau, die das interessant fand und mich deshalb nach meinem Beruf fragte. Natürlich beantwortete ich ihre Frage, und schon kurz darauf waren wir in einem recht intensiven Gespräch. Sie erzählte mir, gegenwärtig würden in Kloster Aquarelle des Hamburger Malers Ivo Hauptmann gezeigt, und eben der sei ihr Großvater gewesen. Ich wußte, daß Ivo Hauptmann der älteste Sohn von Gerhart Hauptmann war. Folglich mußte mein Gegenüber eine Urenkelin des großen Dichters sein. So war es. Harriet Hauptmann, so ihr Name, war Verlagsleiterin des Ivo-Hauptmann-Archivs in Berlin. Als wir uns voneinander verabschiedeten, gab sie mir ihre Visitenkarte.

Natürlich habe ich die Ivo-Hauptmann-Ausstellung in Kloster besucht, und vieles von dem, was ich dort sah, hat mir gefallen. Hauptmann hat auf seinen Blättern zunächst vorgezeichnet, nicht mit dem Pinsel, sondern mit Stiften, und zwar sehr grob, nur die Umrisse. Dahinein hat er locker die Farben gesetzt, so, daß zwischen Linie und Farbe ein Raum für den meist hellen Untergrund geblieben ist. Auf diese Weise ist das Lockere gegeben, das Charakteristische des Aquarells, obwohl hier die Farben gerade *nicht* ineinanderlaufen. Eine meiner Arbeiten, auf dieselbe Weise entstanden, habe ich der Galerie *Klecks* in Vitte geschenkt.

Überfahrt nach Hiddensee (hier Blick zurück nach Stralsund) · Filzstift, Zeichnung im Skizzenbuch, 1996 — Es reizt mich immer wieder, die verschiedensten Hiddensee-Typen aufs Blatt zu bringen, jene Insel-Süchtigen, die der Hiddensee-Erfahrene unschwer als solche erkennt.

Verwunschene Felsen bei Jičin · Ölpastell, 38 × 29 cm, 1993 · Diese Felsen ähneln denen, die sich bei Adersbach und Weckelsdorf befinden (s. Erlebnis 3). Zwar sind sie nicht so bekannt wie diese, dennoch lassen sie eine ähnliche Begeisterung entstehen. Für einen Flüchtigen wären sie wohl ein gutes Versteck, wenn auch nur vorübergehend, vorausgesetzt, er wäre nicht zu dick.

Nebel wartet nicht

Im Herbst 1993 machten sich fünf Maler auf den Weg ins Riesengebirge. Es waren Manfred Prinz, Dieter Fuhrmann, sein Sohn, dessen Frau und ich. Wir hatten Quartier in Benetzko, ein Ausflugsort in der Nähe von Hohenelbe. Das Wetter meinte es gut mit uns, und so wagten wir eine Besteigung der Schneekoppe, des höchsten Berges der Sudeten. Mit dem Lift ging es nach oben, zu Fuß dann, auf einem Serpentinenweg, zurück nach unten. Seitlich, hart am Wegesrand, ragten lange Stangen aus dem Boden, die dem Wanderer im Winter den Weg weisen. Der Abstieg zog sich über mehrere Stunden hin, denn wieder und wieder machten wir Halt und malten. Die reine Luft um uns herum, die Weite, die Stille, die betont wurde von ruhig kreisenden Greifvögeln über uns, bescherten uns das Gefühl, vom Rest der Welt abgeschieden zu sein.

Das Eindrucksvollste aber war dies: Nachdem wir die erste Baude unterhalb des Gipfels hinter uns gelassen hatten, und ich einen Blick zurück warf, sah ich, daß sich Nebel wie ein weißer Schleier um den Gipfel legte, diesen aber zum Teil durchscheinen ließ. Das *mußte* ich malen! Und schnell mußte es gehen, denn so ein Nebel wartet nicht. Flugs die Pastellstifte herausgeholt, und los ging es. Auch Manfred hatte dieses Naturschauspiel bemerkt, und auch er malte, einige Meter von mir entfernt. Das so entstandene Bild ist eines meiner besten Pastelle. Hier kamen nämlich zwei wichtige Dinge zusammen, das Erlebnis, das mich packte, und meine Fähigkeit, das Wesentliche schnell zu erfassen.

Schneekoppe im Nebel · Ölpastell, 27 × 38 cm, 1993 — In jenem Jahr überwog bei mir der Einsatz von Ölpastellstiften, was kein Wunder ist, denn diese Technik eignet sich besonders für das Malen unterwegs. Man braucht kein Wasser, wie es für Aquarelle nun mal notwendig ist, und die Gefahr des Verwischens, die bei Pastellen grundsätzlich besteht, entfällt.

In den blauen Bergen

Osterreise 1994: Wir erkunden Schottland. Rotterdam, Hull, York, Durham, Edinburgh, Glamis Castle, Stonehaven, Aberdeen, Hochland, Loch Ness: Von allen Stationen gibt es Skizzen, entstanden bei Aufenthalten oder während der Fahrt. Besonders beeindruckt hat mich die Fahrt durch das Hochland. Ich saß vorn, hinter Dieter, der als Reiseleiter stets den Platz neben dem Busfahrer hatte. Eine Welt neuer Farben stürzte auf uns ein: Blau, Violett, dazwischen helles Ocker, dann Grün in unzähligen Varianten, hier und dort durchzogen von Weiß. Mancher Blauton war so intensiv und strahlend, ja, beinahe leuchtend, wie ich es nie zuvor gesehen hatte.

Ich wurde immer unruhiger, mochte und konnte nicht mehr sitzen. Schließlich sprang ich auf und schrie: »Anhalten!« Aber Dieter, ebenfalls gepackt von diesem Eindruck, hatte dem Fahrer bereits einen Wink gegeben. Wir hielten bei der nächsten Gelegenheit an und kaum, daß der Bus stand, stürzten wir alle regelrecht ins Freie. In kurzer Zeit entstanden mehrere Pastellskizzen. Daß ich dieses *in kurzer Zeit* erwähne, ist meiner und Dieters Arbeitshaltung geschuldet. Während wir ein Blatt beendeten, begannen andere erst; manche versuchten es erst gar nicht. Ich denke, das Sammeln von Eindrücken, das Erkennen des Wesentlichen und das schnelle Festhalten dessen ist etwas, das jeder, der wirklich malen möchte, lernen muß. Die bei dieser Rast entstandenen Blätter gehören zu meinen Lieblingspastellen, auch deshalb setzte ich viele Jahre später eines davon in ein Acrylbild um.

Landschaft in Schottland · Pastell, 21 × 28 cm, 1994 — Linke Seite, oben: **Leuchtende Berge** (nach dem vorgenannten Pastell entstanden) · Acryl, 40 × 50 cm, 2008 — Linke Seite, unten: **Loch Ness** · Pastell, 20 × 28 cm, 1994 · Noch heute sehe ich mich hinter diesen großen Steinbrocken stehen und zeichnen, während mir die Gischt des aufgewühlten Wassers ins Gesicht spritzt.

Mondscheinnacht auf Hiddensee · Aquarell, 28 × 39 cm, 1995 · Dieses Bild ist in Neuendorf entstanden, als ich wegen Schlafmangels aus dem Fenster schaute. — Oben: **Ostsee bei Vitte** (westliches Ufer, Blick nach Süden zum Hassenort) · Pastell, 28 × 39 cm, 1995.

Verpaßte Gelegenheit 11

Wer schon mal auf Hiddensee war, kennt jene Planwagen, die überall auf der Insel zu sehen sind. Die dortigen Fuhrleute kutschieren mit diesen Wagen Tagesbesucher. Besonders in der Hauptsaison kommen Massen von Menschen für nur einen Tag auf die Insel. Und diese Leute denken womöglich, bei einer Kutschfahrt lerne man die Insel kennen. Mögen die Hiddenseer diese Besucher? Wohl kaum, aber die Insel lebt nun mal (auch) vom Massentourismus, und folglich geben die Kutscher bei jeder neuen Fuhre an derselben Stelle dieselbe Anekdote zum Besten.

Mitte der 1990er Jahre, in einer Abendstunde, malte ich zwei solcher Planwagen, die vor dem Hotel *Zur Ostsee* in Vitte abgestellt waren. Leider verfällt dieses Haus immer mehr. Mit seinem roten Türmchen bot es einen passenden Hintergrund für die Wagen mit ihren leuchtend gelben Planen. Zwei kleine Mädchen kletterten auf ihnen herum. Mich an der Straße hocken und malen zu sehen, kam ihnen wohl komisch vor. Immer wieder schauten sie zu mir herüber, kicherten vor sich hin, trauten sich aber nicht näher. Schließlich sprangen sie von den Wagen herunter und liefen in ein Haus in der Nähe. Dann zeigten sie sich wieder, kamen langsam zu mir und boten mir ein Geldstück. Was sollte dies? Wollten sie mich belohnen? Sahen sie in mir einen armen Künstler oder gar einen Bettler? Die Münze habe ich natürlich ausgeschlagen, leider aber auch die Gelegenheit, mit den Mädchen über das Malen im Freien zu sprechen. Schade.

Ostsee mit Sonnenuntergang · Aquarell und Filzstift, 16 × 21 cm, 1998 — Die Ostsee kommt immer wieder mit neuen Farben daher, wobei die Sonnenuntergänge besonders eindrucksvoll sind. Dieser hier brachte herrliche Brauntöne hervor, was mich sogleich zum Malen anregte.

29.7.98 Potsdamer Platz

98 ...lsk Reichstag

Berlin, Berlin 12

Berlin ist für mich immer wieder eine Reise wert. So auch 1998, als der Potsdamer Platz von einem gigantischen Baugeschehen beherrscht wurde. Wie im Rausch zeichnete ich Gebäude und Kräne, und beim Hinunterschauen in die riesigen Baugruben voller Rohre und Kabel in verschiedenen Farben bekam ich Gruselgefühle. Noch heute kommt mir all das wie ein einziges Chaos vor, aber gerade deshalb bin ich voller Bewunderung für Menschen, die mit einem solchen »Chaos« umgehen können. Wenn ich heute auf dem Potsdamer Platz bin, dann sehe ich unwillkürlich die Baugruben von damals vor mir. Auch das Bauen nahe dem Reichstag regte mich zum Malen an. Diese kleinen, schnell gemachten Arbeiten zeugen von bereits Vergangenem, deshalb sind sie mir besonders lieb.

Ein anderes, weiter zurückliegendes Berlin-Erlebnis war die Verhüllung des Reichstags, das berühmte Projekt des bulgarisch-US-amerikanischen Aktionskünstlers Christo und seiner Frau. — Wer es damals (und auch später) wagte, letztere zu unterschlagen, wer also nur von Christo sprach oder schrieb, hatte schnell eine Klage am Hals. — Diese Verhüllung war ein großartiges Kunstwerk, das ich von allen Seiten betrachtet und festgehalten habe. Und dann war da noch das ganze Drumherum, ein einmaliges und eben deshalb sehr beeindruckendes Erlebnis, ein echtes Volksfest, spontan entstanden, jeden mitreißend. Da waren Musikanten, Gaukler, Jongleure, Tänzer, Feuerkünstler, zum Standbild verwandelte, ganz in Gold gefaßte Selbstdarsteller und gewiß auch ein paar Taschendiebe und andere Strolche. Damals erfüllte sich, was heute vor lauter Kommerz und falschem Kunstbetrieb viel zu kurz kommt, nämlich das echte Miteinander von Künstler, Kunst und Publikum. Ein Stück der silbernen Leinwand, die Christo verwendet hat, bewahre ich in einem Kästchen auf.

Verhüllter Reichstag · Bleistift, Zeichnung im Skizzenbuch, 1995 · Im Vordergrund die Marschallbrücke, links das Reichstagufer, der eigene Standort; im Hintergrund der nordöstliche Eckturm des Reichstags — Linke Seite, oben: **Baustelle Potsdamer Platz** · Aquarellstudie mit Feinliner und Filzstift, Zeichnung im Skizzenbuch, 1998 · Am linken Bildrand ist die Philharmonie getroffen. — Linke Seite, unten: **Baustelle am Reichstag** · Aquarell mit Feinliner und Filzstift, 17 × 23 cm, 1998 · Der Reichstag selbst war zu diesem Zeitpunkt bereits fertig, man beachte die Kuppel.

Wasser vom Tatort

Wer von Anklam her die Insel Usedom erreicht und gleich hinter der Zecheriner Brücke nach Karnin abbiegt, erblickt kurz darauf ein Monster aus Stahl, das Hebewerk einer Eisenbahnbrücke, die den Krieg nicht überstanden hat. Dieses Bauwerk, das mitten im Peenestrom steht, reizt mich immer wieder zum Malen. Eines meiner Bilder, die das Objekt zeigen, weist eine Besonderheit auf, die sich bei bloßer Betrachtung nicht erschließt.

Wer ein Aquarell malen möchte, braucht Farben, Pinsel, einen Schwamm, Aquarellpapier, eine stabile Unterlage, ein paar Klammern, vielleicht ein paar dunkle Stifte. Ist das wirklich alles? Nein, das Wasser fehlt. So erging es mir 1996: Ich hatte nicht an das Wasser gedacht. Und jeder weiß: Ohne Wasser kein Aquarell. Allerdings löste sich mein Problem von selbst. Das Ufer des Peenestroms war zwar mit Gestrüpp bewachsen, doch das Wasser war zugänglich. Also ließ ich mich dort nieder, direkt auf dem Boden, was ich heute, als Besitzer zweier Knieprothesen, wohl nicht mehr täte. Während ich nun, eingerahmt von Uferpflanzen, immer wieder den Pinsel ins Wasser tauchte, genoß ich die Ruhe, die herrschte. Ab und zu sahen ein paar Enten nach dem rechten. So ist denn dieses Bild (s. linke Seite, unten) mit Peenewasser entstanden, sozusagen mit Wasser vom Tatort

Der Erhalt des Monsters ist gesichert. Fraglich ist, ob jemals wieder Züge bei Karnin den Peenestrom überqueren werden. Ein Verein hat sich dies zum Ziel gesetzt, und das Karniner Bahnhofsgebäude ist bereits in den Originalzustand versetzt worden. Wenn man dort ist und alte Fotos betrachtet, kann man sich unschwer einen Berliner Badegast vorstellen, der seinerzeit nach Swinemünde durchfahren konnte, dank der Brücke. Nicht umsonst wurde Usedom augenzwinkernd als »Berlins Badewanne« bezeichnet.

Usedomer See · Aquarell und Feinliner, 13 × 19 cm, 1999 — Linke Seite: Der verbliebene Teil der **Eisenbahnbrücke bei Karnin**, das Hebewerk, kommt hier zweimal vor, oben als Ölpastell, 1995 entstanden, unten als Aquarell (mit Filzstift), 1996 entstanden, Maße: 24 × 32 cm (beide).

Blaue Scheune im Winter · Pastell, 26 × 36 cm, 1996 — Oben: **Fütterung** · Pastell, 1996, 26 × 35 cm — Rechte Seite: Die Hiddensee-Maler auf dem zugefrorenen Bodden, Rückweg nach Rügen; links die ganze Truppe, rechts Monika Bertermann (links) und ich, beide dick eingepackt.

Zu Fuß übers Wasser

Ein interessantes Erlebnis hatte ich beim Wintermalen 1996. Diesmal waren neun Teilnehmer in Vitte auf Hiddensee angemeldet. Monika Bertermann und Eberhard Baars, beide aus Neubrandenburg, und ich fuhren mit dem Zug bis Stralsund, wie immer. Dort erwartete uns die erste Überraschung. Es hieß, der Bodden sei zugefroren, der Schiffsverkehr eingestellt. Große Enttäuschung bei uns, aber gar keine Lust abzubrechen. Eher suchten wir nach einer Lösung. Autos fuhren. Also: Her mit einem Taxi. Das würde uns nach Schaprode auf Rügen bringen, und dort würde man weitersehen. Gesagt, getan.

In Schaprode zeigte sich, daß der Bodden *ganz* zugefroren war. Alle Schiffe steckten fest. Allerdings sahen wir, daß Menschen über das Boddeneis zogen, in zwei Richtungen. Ganz klar, die waren von der einen zur anderen Insel unterwegs, manche allein, andere in Gruppen, ein paar Leute führten Fahrräder mit sich. Nun, da gab es kein langes Überlegen, denn was die konnten, das konnten natürlich auch wir. Aber wir hatten recht viel Gepäck bei uns. Noch bevor wir ein paar Schlitten und Stricke beschaffen konnten, erreichte uns die Kunde, daß Fuhrwerke von der Insel kommen sollten, über das Eis. Stimmte das? Wenn ja, wann würden die ankommen, und wieviele würden es sein? Niemand wußte Näheres. Die Spannung stieg, die Lufttemperatur nicht. Um uns ein wenig aufzuwärmen, suchten wir die Gastwirtschaft am Hafen auf. Der Schankraum war voller Menschen, die ebenfalls hinüber nach Hiddensee wollten, und natürlich warteten auch sie auf die Fuhrwerke. Nun ja, da kam schon so etwas wie Wildwest-Atmosphäre auf, zumal dann und wann durchgefrorene Leute hereinkamen, deren rote Nasen anzeigten, daß sie von Hiddensee herübergekommen waren. Schließlich hieß es, die Fuhrwerke seien da. Und wirklich, diese hielten etwas abseits, nicht auf dem Ufer, sondern auf dem Eis.

Wenig später zogen wir los, in einem vollbesetzten Wagen. Das Gepäck befand sich auf einem Anhänger. Zwei Pferde zogen die Fuhre. Zum Wagen gehörte nicht nur der Kutscher, wie sonst üblich; ein zweiter Mann, der ein Stück vorausging, prüfte mit einer langen Pike das Eis. Gewiß, die Hiddenseer wissen, worauf sie sich einlassen können, aber sicher ist sicher. Und für mich, auf dem Festland zu Hause, war es recht gruselig, wenn Risse im Eis zu sehen waren. Nach etwa einer Stunde kamen wir in Vitte an. Dieter Fuhrmann staunte, als er am Telefon von mir erfuhr, daß wir auf der Insel waren. Er hatte, wie alle anderen der Gruppe, vom Ruhen des Schiffsverkehrs gehört. Am nächsten Tag kam der Rest der Truppe an, mit Schlitten und zu Fuß. Den Rückweg machten wir alle so, mit geliehenen Schlitten und sogar einen Tag früher als vorgesehen, zum Glück, denn tags darauf wurde der Verkehr über das Eis verboten. Auf dem abgesteckten Weg von Neuendorf nach Schaprode, den wir diesmal nahmen, sahen wir die ersten Pfützen tauenden Eises.

Café von van Gogh · Pastell, 29 × 21 cm, 1997 — Vincent van Gogh nannte sein Bild dieses Cafés *Kaffeeterrassen am Abend*. Auch ich malte dieses Café, jedoch an einem Vormittag. Das Entstehen dieses Bildes war eines der schönsten Erlebnisse dieser Osterreise.

Ein berühmtes Café

Während der Osterreise 1997, die unter dem Namen *Van Gogh und göcher* stattfand, waren wir, Kunsterzieher aus Mecklenburg-Vorpommern, neben vielen anderen südlichen Städten auch in Arles, der Stadt, in der Vincent van Gogh 1898/99 gelebt hat. Natürlich faszinierte mich das südliche Flair dieser Stadt, die Häuser mit den farbigen Fensterläden, überall Blumen in Kübeln vor den Häusern, die Märkte mit herrlichem Obst und Gemüse, prächtigen Stoffen, dem Duft der Gewürze; Menschen in südlicher Kleidung, überall pulsierendes Leben. Unterwegs war ich mit Hella Reinsch und Erika Hartung. Wir kauften uns Oliven, die ganz großen, und aßen diese genußvoll, als wir am Obélisque d'Arles auf der Place de la République halt machten, an der natürlich das Hôtel de Ville, das Rathaus, liegt, ferner die Église Sainte-Anne d'Arles. Ich aber hatte mir noch etwas anderes vorgenommen. Ich wollte jenes Café sehen, das van Gogh mit seinem Gemälde *Kaffeeterrassen am Abend* weltbekannt gemacht hat, unbedingt. Und ich wollte es finden, allein, ohne jemanden um Rat gefragt zu haben, so, wie ich es mag.

Aufmerksam schlenderte ich durch die schmalen Straßen, stets van Goghs Bild im Kopf, mal hier entlang, mal dort entlang, mal rechts herum, mal links herum. Auf diese Weise, also suchend-schweifend, gelangte ich auf einen kleinen, viereckigen Platz, der von Platanen beschattet wurde. Und hier, eben an der Place du Forum, fand ich das Gesuchte. Alles war da, das Haus selbst, die farbigen Markisen, die Klappstühle, die zu dieser Tageszeit, später Vormittag, noch zusammengeklappt an der Hauswand lehnten. Mit Pastellkreiden malte ich nun dieses Haus, so wie *ich* es sah, in Grün und Gelb. Ich war glücklich. Später, bei einer Ausstellung in Neubrandenburg, lobte der Maler Karl-Heinz Wenzel gerade dieses Bild, indem er sagte, es lebe, es atme. Daß ich dort noch einen Kaffee getrunken habe, versteht sich. Das Haus selbst wurde nach van Goghs Weggang aus Arles kaum beachtet, verständlicherweise, denn wer kannte damals schon van Gogh? Später hat es so manchen Umbau erleben oder erleiden müssen. Lange gab es darin gar kein Café. Erst 1990 (!) ist es in den Zustand zurückversetzt worden, den van Gogh kannte. — Wichtig ist, daß man van Goghs Bild von diesem Café nicht mit dem ebenfalls sehr bekannten van-Gogh-Bild *Nachtcafé* verwechselt, das den großen Billardtisch zum Mittelpunkt hat.

Links: Zu Fuß durch Arles, Pause am Obélisque d'Arles auf der Place de la République, vorn Erika Hartung, Hella Reinsch und ich (v.r.n.l.), hinten das Hôtel du Ville, das Rathaus — Rechts: **Haus mit Balkon** · Pastell, 20 × 26 cm, 1997 · Dieses Bild ist in der Innenstadt von Saint-Rémy-du-Provence entstanden. Der auffällige Balkon mit der kunstvoll gearbeiteten schmiedeeisernen Brüstung hatte es mir angetan. Das Haus selbst weist die für die Provence typischen Fensterläden auf.

Oben, links: **Nach dem Regen** · Acryl, 70 × 50 cm, 2006 — Oben, rechts: **Mittagsschatten** · Pastell, 30 × 20 cm, 2007 — Unten, links: **Wie auf Capri** · Acryl, 30 × 20 cm, 2000 — Unten, rechts: **Wetterleuchten** · Acryl, 30 × 20 cm, 2007 · Zuweilen muß der Maler übertreiben, wie bei diesem Bild, damit die Empfindung, die er selbst hat oder hatte, für den Betrachter sichtbar wird.

Die Hofmaler

Im Sommer 2000 waren Dieter Fuhrmann, Manfred Prinz, Harald Lüders und ich Gäste im früheren Seemannshotel in Saßnitz. Die Familie Raulff hatte dieses Gebäude erworben und dann renovieren lassen. Jetzt suchten sie Maler, die ihnen einige Bilder für ihr neues *Projekt Fürstenhof* erschaffen würden. Die Raulffs, Kunstfreunde aus Cuxhaven, hatten Dieter beim Malen auf Rügen kennengelernt und ihm diese Aufgabe angetragen, und der hatte zugesagt, allerdings unter der Bedingung, daß auch wir mitmachten. Die Raulffs waren einverstanden, wir natürlich auch. Diese Zusage bescherte uns die Gelegenheit, eine Woche lang kostenlos in Saßnitz wohnen und arbeiten zu können.

In dieser Woche waren wir sehr produktiv. Bereits am ersten Tag entstanden zahlreiche Skizzen. Von besonderem Interesse waren natürlich Saßnitz selbst, das zuweilen »Capri des Nordens« genannt wird, und die Kreidefelsen. Schließlich kamen so viele Bilder zusammen, daß wir eine ganze Ausstellung im Hotel zeigten. Die Raulffs konnten aus einer Fülle von Arbeiten auswählen. Jeder von uns verkaufte sechs, sieben oder sogar acht Bilder, hauptsächlich Acryl-Arbeiten und Pastelle. Wenn wir später im Fürstenhof weilten, etwa zum Wintermalen (ein Umstand, der sich erst aus dieser Sache ergeben hatte), konnten wir unsere damals entstandenen Bilder wiedersehen. Wintermaler heute, so sie denn überhaupt im Fürstenhof absteigen, können das nicht mehr, denn die Raulffs haben alle von uns gemalten Bilder in ihr neues, inzwischen drittes Rügen-Hotel in Putbus-Lauterbach verbracht. Dort können sie von gut betuchten Hotelgästen betrachtet werden.

An dieser Stelle sei mir ein Nachtrag erlaubt: Viele Jahre später, im Sommer 2015, war ich wieder eine Woche lang zum Malen in Saßnitz. Jedoch, welch eine Enttäuschung erlebte ich! Das alte Tanzhaus (s. unten) hatte man abgerissen, und das ganze Areal hatte sich in eine öde Fläche verwandelt. Der Blick auf die Häuser der gegenüberliegenden Höhen, über die Altstadt hinweg, war bereits verstellt mit neuen, nicht ins Bild passenden Bauwerken. Das kleine Café mit den rotgedeckten Tischen, an denen viele von uns saßen und den Blick auf die kunstvolle Bäderarchitektur genossen und gemalt haben, gab es nicht mehr. Diese besondere Architektur, die Saßnitz zum »Capri des Nordens« gemacht hat, scheint mehr und mehr aus dem Stadtbild zu verschwinden. Da geht etwas verloren, leider. Vorbei ist es jedenfalls mit der Freude, die ich früher empfand, wenn ich durch die Straßen der Altstadt schlenderte.

Links: **Tanzhaus** · Pastell, 20 × 30 cm, 2000 — Rechts: **Blick zum Brandhaus** · Pastell, 20 × 30 cm, 2000 — Das Tanzhaus ist inzwischen abgerissen, und an der Stelle des Baumes im rechten Bild befindet sich neuerdings ein langweiliges Gebäude, das den Blick auf die Altstadt verstellt.

Oben: **Wildes Wasser** · Pastell, 21 × 28 cm, 1999 — Unten, links: **Kirche auf der Burg** · Aquarell und Filzstift, 29 × 20 cm, 1998 — Unten, rechts: **Mansfelder Kirche** · Pastell, 34 × 24 cm, 1997 — Damals bevorzugte ich das Pastell, später das Aquarell. Heute verwende ich Pastellstifte nur noch dann, wenn starke Trockenheit das Malen mit Aquarellfarben verhindert.

Vorhang auf!

Im Februar 1998 hielt ich mich mit einigen Fachkollegen zum Wintermalen auf der Burg Mansfeld auf, die man vor kurzem zu einer Jugendherberge umgerüstet hatte. Wir bewohnten bereits zum zweitenmal dieses Quartier und genossen erneut die herbe Schönheit des Mansfelder Landes. Und immer dann, wenn kreative Typen wie wir zusammen sind, ist allerhand los: Es geht nicht nur ums Malen. Manfred Prinz hatte sich wegen seines grauenhaften Schnarchens das Turmzimmer zum Domizil erkoren. Dieser Umstand hinderte aber weder ihn noch uns, in eben diesem behaglichen Zimmer ausgelassen zu feiern und zu tanzen. Außerdem hatte Britta Schönbeck einen verrückten Einfall. Sie meinte, wir könnten doch mal Theater spielen. Unser allgemeines Ja beflügelte sie, und kurz darauf hatte sie ein Stück erdacht, in dem eine entführte Prinzessin von einem großen Hund bewacht wird. Monika Bertermann, dieses zierliche Wesen, gab mit großer Lust die Prinzessin, der Eberhard Baars als Hund ebenso lustvoll zu Füßen lag. Dieter Fuhrmann durfte die zum Schluß Gerettete auf seinen Armen davontragen. Ich stellte den Vorhang, indem ich mit meinem blauen Bademantel über die gedachte Bühne lief und so die einzelnen Akte voneinander trennte. Das Wort *Aktion* ist heute sehr beliebt, beinahe ein Modewort, auch bei Künstlern und in der Kunsterziehung. Was wir damals machten, war eine wirkliche Aktion, entstanden aus dem Augenblick heraus, fußend auf dem guten menschlichen Miteinander.

Die Bilder zeigen uns Verrückte, zunächst aufgereiht im Burghof, dann in Aktion beim Theaterspiel (oben rechts), schließlich beim Feiern im Turmzimmer. Man beachte die »Prinzessin« Monika (mit rot-schwarzem Karo-Tuch) und den ihr zu Füßen liegenden »Hund« Eberhard. Und Dieter, an Britta geschmiegt, fühlt sich sichtlich wohl. So oder ähnlich klingen unsere Maltage aus.

Die **Ponte Vecchio in Florenz** · Aquarellstudie im Skizzenbuch, 1999 · Man erkennt den auf dieser Seite der Brücke (Ostseite) liegenden überdachten Vasari-Korridor, der den Palazzo Vecchio (Nordufer des Arno) mit dem Palazzo Pitti (Südufer) verbindet. — Bild oben: siehe rechts

Enge Gassen, hohe Türme

Nach einer abwechslungsreichen Fahrt durch die Alpen erwartete man uns Kunsterzieher im Hotel Posta in Chiantiano Therme mit einem Essen in pompösem Ambiente. An der Wand hingen viele Bilder und mit Goldrahmen verzierte Spiegel. Das schönste in diesem Ort war jedoch die weit entfernt liegende Altstadt mit ihren engen, verwinkelten Gassen. In Siena faszinierten mich besonders der Dom und die zahlreichen Schulklassen, die mit ihren Lehrern unterwegs waren. Im Dom folgten die Schüler aufmerksam den Erklärungen, die dort gegeben wurden, und draußen, auf dem *Il Campo*, lagerten sie gesittet in Gruppen, ohne jedes Gedränge, ohne Geschrei. Ausschließlich gutes Benehmen nahm ich wahr, und ich wünschte mir, auch unsere Schüler wären so. Beeindruckend waren Florenz und San Gimignano. In Florenz hat es mir besonders das Gewimmel auf der berühmten Brücke *Ponte Vecchio* angetan. Ich habe sie mehrmals gemalt, später ist auch ein Holzschnitt entstanden. Die Geschlechtertürme in San Gimignano lassen scheinbar das Mittelalter aufleben. Man kann sich die Kämpfe alter toskanischer Familien bildlich vorstellen. Gern wüßte ich, wie es sich in so einem Turm lebt. Jedenfalls ist das Leben in dieser Stadt sehr modern, und das Eis schmeckt hervorragend, besonders dann, wenn man es auf den Treppen vor der Kirche genießt, wie ich es tat, mit Blick auf die nächstgelegenen Türme.

Von Menschen umringt: **Dom in Siena** (Cattedrale di Santa Maria Assunta) · Feinliner, Zeichnung im Skizzenbuch, 1999 · Rechts hinten befindet sich der Campanile. — Linke Seite, oben: Blick auf die Altstadt von **Chianciano Therme** · Feinliner, Zeichnung im Skizzenbuch, 1999

April, April VII Roma

Der Papst wollte uns nicht, St. Pedro hatte nur ab und zu Zeit, das Kolosseum war kolossal besetzt, Rom ist fantastisch (fantastico) für Busse aber alle fanden schliesslich ihren Platz

Mensch Mayer

Mensch, Mayer!

Noch einmal Toscana 1999: Ein Tag für Rom! Da wir unser Hotel in Chiantiano Therme sehr früh verlassen hatten, hielt unser Bus bereits am Vormittag hart am Ufer des Tiber. Sofort zerstreuten wir uns im antiken Rom. Lisl und ich begannen unsere Erkundung der Stadt am Castel Sant'Angelo, der Engelsburg, wir kamen am Petersdom vorbei, besichtigten das Forum Romanum, schlenderten über die Piazza Venezia und die Piazza Navona, um schließlich zum Kolosseum zu gelangen. Dort nämlich war der Treffpunkt für die Rückfahrt. Wegen der Vielzahl und der Gewalt der Eindrücke, und weil noch Zeit war, kam ich erst hier, am Kolosseum, zum Zeichnen.

Allmählich trudelten auch die anderen der Truppe ein. Jedoch, kurz vor der Abfahrt zeigte sich ein Problem: Der Sitzplatz unseres Malerfreundes Philipp Mayer blieb leer. Was tun? Zunächst warteten wir. Dann schauten wir am Kolosseum herum, vergeblich. Der Busfahrer begann, Druck zu machen, drehte aber doch mehrere Runden, und wir alle hielten Ausschau, wiederum erfolglos. Schließlich kam jemandem der rettende Gedanke, dorthin zu fahren, wo wir ausgestiegen waren. Und wirklich, dort saß Philipp seelenruhig auf einer Bank. Erst jetzt, wieder im Bus, wurde ihm sein Lapsus klar, und er verstand die Unbill, die sein Ausbleiben uns beschert hatte. Zur Wiedergutmachung zeichnete er das Blatt *Mensch Mayer*.

Kolosseum in Rom · Feinliner, Zeichnung im Skizzenbuch, 1999 · Inmitten des dort herrschenden Getümmels boten Maler die an solchen Orten üblichen Bilder an und »Gladiatoren« verkauften Andenken, darunter Tücher mit Löwen-Motiven und natürlich Statuen römischer Herrscher. Ich aber hatte nur Augen für das Bauwerk, das (mal wieder oder immer noch) renoviert wurde.

Blick vom Brocken · Bleistift, Zeichnung im Skizzenbuch, 2000 · Sieben Brocken-Skizzen sind damals entstanden, gezeichnet mit innerer Glut und eisigen Fingern. Später, im Warmen, habe ich mehrere Monotypien angefertigt. — Oben: **Blick vom Brocken** · Monotypie, 23 × 31 cm, 2000

Hand in Hand

Im Jahr 2000 fand das Wintermalen des BDK-MV im Harz statt, und damals hatte ich die Organisation übernommen. Und ich hatte die Idee, wir könnten unser Quartier innerhalb dieser einen Malwoche einmal wechseln. So kam es, daß wir zuerst in Thale wohnten, in der Jugendherberge *Großer Waldkater*, danach in Schierke. Dort lag kniehoher Schnee, den wir jahrelang nicht mehr erlebt hatten. Es war traumhaft, in die tiefverschneite Landschaft einzutauchen. Wir genossen die Kälte, den Schnee und das Eis. Und natürlich wollten wir nicht auf den Brocken verzichten, denn der gehört einfach dazu, wenn man zum Malen im Harz ist und genug Zeit hat. Einige von uns wollten das Plateau des Brockens zu Fuß erreichen, die anderen, nämlich Monika Bertermann, Eberhard Baars, beide aus Neubrandenburg, und ich, zogen die Fahrt mit der Brockenbahn vor. An der Strecke standen, Wächtern gleich, mit Schnee dick behangene Tannen.

Oben, auf dem Plateau, wütete ein Sturm, und der Erdboden war mit Glatteis überzogen. Wir brauchten also Schutz und Halt, und da kam einzig das Wirtshaus in Frage. In der Gaststube waren so viele Menschen, daß man sich kaum bewegen konnte. Erst nach einer Weile wurde ein Tisch frei. Während wir einen Imbiß zu uns nahmen, beschlossen wir, dem Sturm und dem Eis zu trotzen. Dies gelang uns auch so leidlich, indem wir uns fest an den Händen hielten und gegenseitig stützten. Auf diese Weise, zuweilen sogar schlitternd, also ziemlich verrückt, ging es über das Eis, hin zu einer Stelle, wo es sich aushalten ließ. Dort sind dann einige Skizzen entstanden, wenn auch mit eisigen Fingern.

Links: **Auf dem Brockenplateau** · Bleistift, Zeichnung im Skizzenbuch, 2000 — Rechts: **Im Wald bei Schierke** · Aquarell und Kreide, 24 × 17 cm, 2000 — Im Gegensatz zum Zeichnen auf dem Brocken war das Malen im Schierker Wald, in Ruhe und guter Luft, ein pures Vergnügen.

Am Hardangerfjord (Skizze) · Blaustift, Spucke und Feinliner, Zeichnung im Skizzenbuch, 2000 — Oben: Am **Hardangerfjord** · Acryl, 50 × 70 cm, 2011 — Die Skizze ist bei einer Fahrt um den Fjord entstanden (s. rechte Seite). Erst 11 Jahre später diente sie mir als Vorlage für das Acrylbild. Meine Skizzen, die ich grundsätzlich aufbewahre und in losen Abständen sichte, je nach Lust und Laune, sind immer wieder Anregungen für malerische Auseinandersetzungen.

Mit Finger und Spucke

Die *Nordtour Cool*, die zu Ostern 2000 stattfand, führte mich und andere Kunsterzieher aus Mecklenburg-Vorpommern über Schweden nach Norwegen. Das Hotel, in dem wir wohnten, liegt malerisch am Hardangerfjord. Der weite Weg dorthin, der nach der Ankunft unserer Fähre aus Mukran in Trelleborg begann, verlangte bereits in Kungshamn eine erste Übernachtung, der wir das Kennenlernen des interessanten Ortes Smögen verdanken. Die weitere Fahrt bescherte uns immer wieder Wasser und Gewässer in wechselnder Gestalt, hier als See, dort als Flußlauf, mal als Fjorde, mal als riesiger Gletscher. Es war ein Muß, zwischendurch zu halten, die Landschaft verlangte das einfach. Solche Halte konnten aber immer nur kurz sein, leider, denn im Hotel erwartete man uns bereits. Das Fotografieren ist nicht so meine Sache, und eine »richtige« Zeichnung oder gar ein Bild verbot sich wegen der Kürze der Zeit. Eine Skizze aber, mit Blaustift und Spucke zu Papier gebracht, ging, das geht eigentlich immer. Auf diese Weise sammelte ich viele Eindrücke, die ich erst später, oft nach Jahren erst, in großen Bildern verarbeitet habe. Leider kann ich hier, den Rücktitel eingeschlossen, nur wenige dieser Skizzen zeigen. Übrigens kamen Blaustift und Spucke nicht nur in den Fahrtpausen zur Anwendung. Auch an den anderen Tagen dieser Reise erwiesen sie sich als bewährte Arbeitsmittel, auch wegen des vielen Regens.

Links: **Zwischenstop am Fjord** · Blaustift, Spucke und Feinliner, Zeichnung im Skizzenbuch, 2000 — Rechts: Dieter Fuhrmann bei einer Pause an der Straße, beschirmt von Susanne Prinz. Wie immer malt Dieter schnell und zupackend. Ein Wassertopf war hier natürlich nicht notwendig.

Am Canal Grande · Monotypie, 40 × 29 cm, 2002 — Rechte Seite: **Ponte degli Scalzi**, Aquarell und Feinliner, Studie im Skizzenbuch, 2001 — Natürlich ist die Monotypie erst später entstanden, etwa ein Jahr nach der Venedig-Reise, wobei ich auf meine vielen Skizzen zurückgreifen konnte. Außerdem stellt das Exemplar oben lediglich eine von mehreren Varianten dieses Motivs dar.

Bei Commissario Brunetti 22

Zweimal war ich in Venedig, zum erstenmal 1995, damals nur einen Tag lang. Diesmal, im Frühjahr 2001, waren es vier Tage. Schade, daß wir nicht in Venedig übernachteten sondern auf dem Festland. Dieser Umstand bescherte uns täglich zwei Überfahrten in einem mit Touristen vollgepferchten Boot, einerseits. Andererseits war es immer wieder schön, die Silhouette der Stadt allmählich aufsteigen zu sehen.

Natürlich waren die großen Straßen voller Menschen. Deshalb zog ich es vor, auf stillere Plätze auszuweichen. Und damit bekam ich das, was mich begeisterte: Paläste, Häuser von morbider Schönheit, Blumen auch in dunkleren Gassen. Anheimelnde Plätze luden zu verdienten Pausen ein. Ich schlenderte an den Kanälen entlang, vorbei an zahllosen kleinen Cafés, ging treppauf und treppab über die Brücken, unter denen hindurch die Gondolieri zogen, ja, zuweilen sogar singend. Immer wieder kam ich auf die verschiedensten Plätze, konnte Blicke in stille Straßen werfen, auf reich verzierte Kirchen, in alte Hauseingänge und in kleine Geschäfte. Alles war lieblich, märchenhaft, überzogen mit der Patina vergangener Epochen. Großartig war der Blick von der *Ponte dell'Accademia* auf den *Canal grande*, zu beiden Seiten des Kanals die prächtigsten Paläste der Granden des einstigen Venedig. Ich trank einen überteuerten Kaffee im berühmten *Caffè Florian* auf der *Piazza San Marco*, beobachtete Touristen, die unermüdlich die Tauben fütterten, kaufte einen Ring mit einem strahlenden Lapislazuli und für meinen Sohn ein in Leder gebundenes Notizbuch. In diesen vier Tagen sind zahlreiche Skizzen entstanden, auch kleinere Aquarelle. — Wenn ich heute die Bücher von Donna Leon lese, die mit Kritik an ihrer Wahlheimat keineswegs spart, dann begleite ich in Gedanken ihren Commissario Brunetti durch jene Stadt, die für mich wohl immer eine ganz andere Welt bleiben wird, eine zauberhafte.

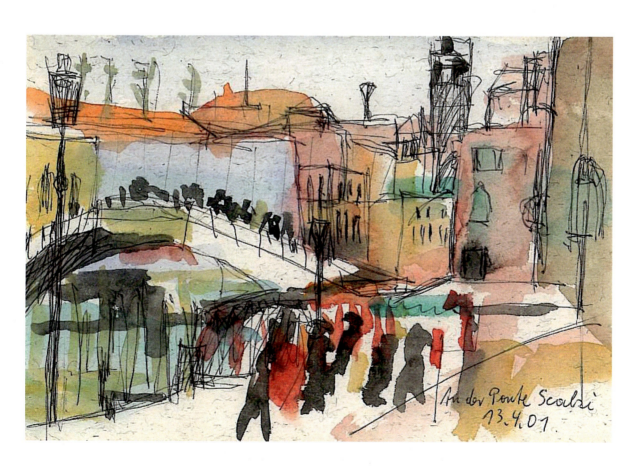

Auf der Kleinseite · Aquarell mit Feinliner und Kreide, Zeichnung im Skizzenbuch, 2002 — Oben: **An der Moldau** · Aquarell und Filzstifte, 23 × 30 cm, 2002 — Das Café-Bild ist entstanden, als ich nach viel Lauferei eine Pause brauchte. Anstelle von Wasser benutzte ich hier Tee zum Malen.

Überschwemmung, Überraschung

23

Als ich mit meiner Kollegin Renata Schwarz aus Friedland im Jahr 2002 Prag besuchte, war die gewaltige Überschwemmung dieses Jahres bereits vorbei. Aber überall waren die entstandenen Schäden zu sehen, besonders deutlich auf der Kampa, einer Moldau-Insel, die recht tief liegt, und die wegen ihres romantischen Flairs am Fuße der Karlsbrücke ein Magnet für Besucher ist. Wegen der Instandsetzungsarbeiten war die Metro nicht in Betrieb, sodaß wir das zweifelhafte Vergnügen hatten, mit überfüllten Straßenbahnwagen fahren zu müssen, aneinandergepreßt wie Sardinen in der Dose. Und dabei geschah es: Eine überaus freundliche, ältere Frau, die recht gut deutsch sprach, zog mich in ein Gespräch, das mich meine Vorsicht vergessen ließ. Erst am Abend im Quartier bemerkte ich, daß Reisepapiere, Ausweis und Kreditkarte fehlten. Einerseits war es schlimm, daß dies am Tag vor der Rückreise geschehen war. So mußte, leider, der letzte Vormittag für die Anzeige bei der Polizei und für die Sperrung der Kreditkarte genutzt werden. Ich erhielt einen vorläufigen Ausweis für die damals noch notwendige Grenzkontrolle. Andererseits war es gut, daß dieser Diebstahl erst am letzten ganzen Prag-Tag geschehen war, denn so hatten wir die Stadt mit ihren vielen Sehenswürdigkeiten in gelöster Stimmung genießen können.

Links: **Auf der Karlsbrücke** · Aquarell und Feinliner, Studie im Skizzenbuch, 2002 — Rechts: **Alter Markt** (mit Teinschule und Marienkirche) · Aquarell und Filzstifte, Studie im Skizzenbuch, 2002 — Die zusätzliche Verwendung von Stiften verleiht dem Aquarell eine besondere Lockerheit.

Gold im Bauch

Die Osterreise im Jahre 2003 führte uns über Danzig nach Ostpreußen, genauer gesagt, in die Masuren. In jenen zwei Danzig-Tagen, die wir zur Verfügung hatten, habe ich vielfältige Eindrücke im Skizzenbuch festgehalten, häufig begleitet von meiner Malfreundin Lisl Borkowski. Am Hafen, in der Nähe des bekannten Krantores, gefielen uns die hohen Häuser, die mit ihren Verzierungen an die Hansezeit erinnern. Wie jeder weiß, macht Arbeit müde, auch künstlerische. Man braucht eine Pause und zuweilen auch einen zünftigen Schnaps. Und Danzig ist ja für sein Goldwasser berühmt. Eines der vielen Restaurants, die es dort gibt, ein Lokal mit Charakter, lockte uns. Wir erstiegen die Treppe, nahmen an einem Tischchen mit leicht verschlissenen Polsterstühlen Platz und bestellten. Gereicht wurde der scharfe, bittersüße Likör in langstieligen Gläschen. Und bereits beim ersten Schluck mußte ich an Theodor Fontane denken, in dessen *Stechlin* es heißt, die Vorstellung, Gold trinken zu können, obgleich man keins hat, sei doch eigentlich etwas Großartiges. Nach diesem ersten Goldwasser meines Lebens ist dieses Getränk bei mir zu Hause immer vorhanden.

Links: **Marienkirche** · Kreidestift, Zeichnung im Skizzenbuch, 2003 — Rechts: **Barock-Häuser** · Feinliner, Zeichnung im Skizzenbuch, 2003 — Linke Seite: **Langer Markt** · Aquarell und Feinliner, Studie im Skizzenbuch, 2003 · Dieser Markt ist ein besonders interessanter Ort von Danzig.

Erbe aus Beton

Bleiben wir bei der Masuren-Reise. Obwohl der Besuch der *Wolfsschanze* von Anfang an vorgesehen war, schieden sich hier die Geister. Die einen waren dafür, die anderen dagegen. Da wir diesmal wegen der großen Anzahl von Teilnehmern zwei Busse zur Verfügung hatten, konnte sich die Reisegruppe problemlos aufteilen. Gesagt, getan, aber doch eigentlich schade, daß es so kam. Diese gewaltigen Bauten, wenn auch Ruinen, sind nun mal deutsche Geschichte und daher ein Magnet für Besucher aus aller Welt. Und natürlich darf man auch Ruinen malen. Dazu hat der Architekt und Maler Jorg Brücke bemerkt: »Um einer Ruine Schönheit zu sehen, muß man über dem Unheil stehen« (s. dazu den Nachtrag hinten). Auch Wilhelm Rudolph hat sein zerstörtes Dresden in zahlreichen Holzschnitten festgehalten.

Ich habe an diesem Tag mehrere Skizzen und ein Aquarell vom Bunker Nummer 13, Hitlers Wohnbunker, gemacht. Albert Speer, Hitlers Architekt, hat dieses Bauwerk einen großen Betonklotz genannt, einen Bau ohne Fenster und ohne direkte Luftzufuhr, dessen Betonfülle den nutzbaren Raum um ein Vielfaches übersteigt. Mein Bild (s. linke Seite) zeigt einen Teil jener Außenwand, die die Sprengung 1945 recht gut überstanden hat. Der hier erkennbare Eingang führt in einen Korridor, von dem aus man in die einzelnen zur Wohnung Hitlers gehörenden Räume gelangt. Übrigens ist es schön zu sehen, daß die Natur sich zurückholt, was man ihr einst genommen hat. Aus dem Stahlbeton, der schon viele Risse und Spalten hat, wachsen Bäumchen und Moose. Zudem ist der Waldboden zur Osterzeit ein leuchtend blaues Meer aus Anemonen.

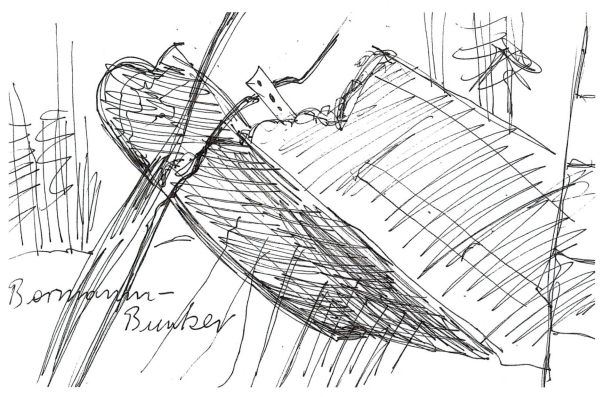

Bormann-Bunker · Feinliner, Zeichnung im Skizzenbuch, 2003 — Linke Seite: **Hitler-Bunker** (Bunker 13) · Aquarell mit brauner Kreide und Filzstift, 32 × 24 cm, 2003 — Das Interessante am Bormann-Bunker war für mich nicht die Kraft der Masse an sich, sondern der anfangs vorhanden gewesene Eindruck, diese gewaltige Betonmasse würde von den dünnen Stämmchen gehalten.

Schloß Steinort · Aquarell, 30 × 20 cm, 2003 — Rechte Seite: **Schloß Steinort** (Studie) · Feinliner, Zeichnung im Skizzenbuch, 2003 — Das Aquarell ist ganz locker gemalt, mit großem Pinsel und sehr viel Wasser, ohne Vorzeichnung. Es war mir ein großer Genuß, gerade in diesem Park zu malen. Inzwischen ist hier ein Gedenkstein für Heinrich Graf Lehndorff aufgestellt worden.

Auf den Spuren der Lehndorffs

Und noch einmal zur Masuren-Reise. Seit ich die Bücher von Marion Gräfin Dönhoff gelesen habe, fühle ich mich mit Ostpreußen verbunden, besonders mit den Masuren. Obwohl ich nicht von dort stamme, kann ich die Wehmut nachempfinden, die die Menschen aus Ostpreußen lebenslang umgetrieben hat. Dieses weite Land mit seinen hunderten Seen und unendlichen Wäldern, ein einzigartiges Naturparadies, ist ein Juwel, und im Gegensatz zu vielem, was im letzten Krieg physisch verloren gegangen ist, ist dieses Juwel mit allem, was dazu gehört, noch da, und ich bin froh darüber, dort gewesen zu sein.

Von Rhein, wo wir wohnten, schwärmten wir täglich in die Umgebung aus, so auch, wie bereits berichtet, zur *Wolfsschanze*. Von dort kommend, am selben Tag also, hielten wir in Lötzen an, um uns die Beine zu vertreten und zu Mittag zu essen, jeder für sich. Doch ich aß nichts; Lötzen kam mir unwirtlich vor, trist und langweilig. Diese Mißstimmung löste etwas in mir, machte mir bewußt, daß ganz in der Nähe etwas Sehenswertes auf uns wartete. Aus den Dönhoff-Büchern wußte ich nämlich, daß am bekannten Mauersee das Gutsdorf Steinort mit dem Schloß der Grafen von Lehndorff liegt. Da die Lehndorffs und die Dönhoffs miteinander verwandt sind, hielt sich Gräfin Dönhoff oft in Steinort auf, schon in ihren Kinderjahren. Mein Vorschlag nun, nach Steinort zu fahren, fand die Zustimmung aller. Während der Fahrt, die haarscharf an Seen mit breiten Schilfgürteln entlang führte, teilte ich den anderen über das Mikrofon im Bus mit, was ich über die Lehndorffs und ihr Schloß wußte. Die Bilderschau am Abend bewies, daß mein Vorschlag zu dieser Extratour richtig gewesen war, denn überall, im Schloßhof, im Park, am See, war gemalt worden. — Heute wird das Schloß saniert. Damals, im Jahr 2003, war es dem Verfall preisgegeben. Allerdings erinnerte bereits eine Gedenktafel an Heinrich Graf Lehndorff, den letzten Besitzer. Er war einer der Männer des 20. Juli 1944, und dafür ist er hingerichtet worden.

»Bloß nicht aufräumen!« 27

Beim Sommermalen 2004 in Schlatkow waren Erika Hartung und ich oft zusammen. Mit Erikas Auto erschlossen wir uns die Landschaft Vorpommerns, die immer wieder neue Eindrücke bietet, auch dem, der sie zu kennen meint. In der Nähe von Groß Bünzow lockten uns große aufgeschichtete Steine, wohl Findlinge, zum Anhalten. Sie lagen in einem Gehöft, und das Ganze ließ mich an ein Großsteingrab denken. Als wir näher traten, erschien unverhofft ein älterer Herr, der uns einlud, sein Grundstück zu besichtigen. Was wir gleich darauf sahen, hätte ausgereicht für die ganze Malwoche: Stillleben bäuerlichen Wirkens in jedem Winkel. Da waren alte Werkzeuge und landwirtschaftliche Geräte, gestapelte Strohballen, dazwischen Schafe, auch niedliche Lämmer.

Nachdem wir eine marode Remise gründlich »untersucht« hatten, entdeckten wir ein verwunschenes Gartenhäuschen, dessen Fenster mit vergilbten Gardinen verhängt waren. Davor standen zwei Klappstühle mit Resten alter Farbe. Daneben war allerlei Zeug abgestellt. Wir kamen in Stimmung: So etwas wollten wir malen. Der Hausherr, ein aufgeschlossener Charakter, war einverstanden. Mehr noch: Er erbot sich, vorab Ordnung zu schaffen. Doch dieses freundliche Angebot wiesen wir händeringend zurück: »Bloß nicht aufräumen!« So, wie es war, und nur so, reizte es uns. Während des Malens durften wir uns mit Beeren aus dem Garten stärken, und schließlich, nach getaner Arbeit, als zwei Acrylbilder fertig waren, bat der Hausherr uns zum Nachmittagskaffee in sein Wohnhaus.

Zwei Stühle · Acryl, 28 × 37 cm, 2004 — Linke Seite: **Verschlossen** · Acryl, 39 × 29 cm, 2006 · Diese Tür befindet sich am Schloß Quilow, das unweit von Schlatkow liegt. Lange, zu lange, war dieses herrliche Rokoko-Bauwerk dem Verfall preisgegeben. Vor kurzem erfuhr ich, daß es gerettet ist. Im Frühjahr 2020 ist das Schloß als Tagungs- und Veranstaltungsstätte eröffnet worden.

Malen, warum denn mich?

28

Schlatkow habe ich bereits im vorherigen Erlebnis erwähnt. In diesem zwischen Anklam und Greifswald liegenden Dorf, fand mehrmals das Sommermalen des BDK-MV statt, und stets gehörte ich zu den Teilnehmern, so auch im Sommer 2005. Damals waren wir acht Personen, und wie immer war Dieter unser fachlicher Berater. Wir wohnten im Gebäude der ehemaligen Pommerschen Melkerschule. Hinter den Fenstern unseres Arbeitsraumes sitzend, sahen wir täglich eine alte Frau über den Hof gehen, die uns gleich gefiel. Stets trug sie eine Kittelschürze aus DDR-Zeit und ein Basecap, wohl wegen der Sonne. Über die Schulter gelegt führte sie Hacke und Rechen mit sich. Nie wäre es ihr in den Sinn gekommen, ihr Äußeres für den Weg zu ihrem Garten besonders herzurichten. Kurz, sie hatte sich ihre Bodenhaftung bewahrt, ihre Natürlichkeit.

Wir sprachen sie an, machten uns mit ihr bekannt, und schließlich baten wir sie darum, sie malen zu dürfen, was sie verwundert, aber doch freundlich gewährte. Frau Lentz, so hieß sie, bewohnte nebenan, im alten Gutshaus, eine weiträumige Dachwohnung. Dort saßen wir wenig später zusammen, sie auf ihrem Sofa, wir zu viert um sie herum. Während des Malens tischte sie Hochprozentiges auf, und sie erzählte von sich und ihrer Familie. Und immer wieder wunderte sie sich darüber, daß wir sie malen wollten. Warum denn nur? Sie sei doch eine einfache, ganz normale alte Frau vom Dorf. Wir versicherten ihr, eben das sei es ja, was uns reizte, eine einfache, ganz normale alte Frau vom Dorf. Meine zwei Arbeiten mit ihr, darunter ein Porträt, kamen in die Abschlußausstellung, an der Frau Lentz als Gast teilnahm.

 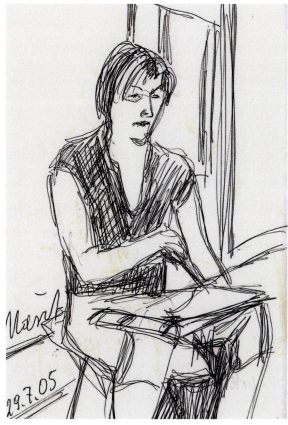

Links: **Mädchen im Hafen** · Feinliner, Zeichnung im Skizzenbuch, 2005 — Rechts: **Marit** · Feinliner, Zeichnung im Skizzenbuch, 2005 — Linke Seite: **Frau Lentz** · Acryl, 30 × 20 cm, 2005

Süßes auf der Straße

Im Herbst 2005 bot der Pommersche Künstlerbund interessierten Mitgliedern ein Quartier in Osiecki, zu deutsch Wusseken, an der polnischen Ostseeküste. Siegfried Barz, ein dort lebender Deutscher, hatte hier vermittelt. Natürlich sagte ich zu. Wir wohnten in einfachen Bungalows, doch zu den Mahlzeiten trafen wir uns in einem Schloß, zu dem eine alte, sehr schöne Eichenallee führt. Die Speisen waren echt polnisch, nämlich üppig und köstlich, ich erinnere mich an Vorsuppen aus verschiedenen Gemüse- und Obstarten. Da gab es eine rosafarbene Erdbeersuppe, eine grünliche Gurkensuppe, viele appetitliche Salate, deftige Hauptgerichte und leckere süße Sachen, sodaß ich mich auf jede Mahlzeit freute.

Aber das Schönste erlebte ich, als ich an einem sonnigen Sonntag auf der Dorfstraße saß und malte. Eine beinahe rosig-liebliche Stimmung lag über dem Dorf, und es war himmlisch ruhig. Den kleinen Häusern entlang der Straße sah man ihr Alter an, und eben das gefiel mir. Das alles war wie ein Blick in die Vergangenheit. In den Vorgärten flammte der Herbst, und ein paar schiefe Zäune hier und dort verstärkten diesen Eindruck nur. Selbstvergessen malte ich; daß die Bewohner der Häuser gegenüber mich längst bemerkt hatten, störte mich nicht. Dieser oder jener von ihnen wird hinter der Gardine gestanden und mich beobachtet haben. Einer zweifellos, nämlich jener alte Mann, der plötzlich aus seiner Haustür trat und mir ein Tablett mit Kaffee und Würfelzucker brachte. Nach dieser netten Geste — ein Beispiel für polnische Gastfreundschaft — machte das Malen noch mehr Freude.

Wusseken · Acryl, 40 × 50 cm, 2005 — Linke Seite: **Wusseken, Eichenallee** · Acryl, 70 × 50 cm, 2005 — Beim Malen, am Straßenrand sitzend, erfuhr ich die Zustimmung zahlreicher Bustouristen. Diese nämlich schauten, heftig klatschend, hinter ihren Fensterscheiben zu mir herunter.

Leba-Düne · Acryl, 50 × 70 cm, 2005 — Oben: **Auf der Düne** · Pastell, 20 × 28 cm, 2005 — Rechte Seite, links: **Museum in Köslin** · Kugelschreiber, Zeichnung im Skizzenbuch, 2005 — Rechte Seite, rechts: **Schloß Parsow** bei Köslin · Aquarell und Kugelschreiber, Studie im Skizzenbuch, 2005

Sand ohne Ende

Ich kenne die Dünen von Hiddensee, von Usedom, von Rügen. Ähnliches hatte ich an der polnischen Ostseeküste erwartet. Aber alle mir bekannten Dünen können sich nicht mit der Düne von Leba messen. Nach kurzer Anfahrt mit einem offenen, busähnlichen Gefährt durch den Wald mußten wir, Mitglieder des Pommerschen Künstlerbundes, noch ein Stück zu Fuß gehen. Allmählich lichtete sich der Wald und ließ den Blick frei auf einen riesigen, gelb leuchtenden Berg, auf dem sich, so aus der Ferne gesehen, Menschen ameisenähnlich tummelten. Auch wir begannen den Aufstieg, der in eine handfeste Tageswanderung überging. Es war mühsam! Irgendwann zog ich die Schuhe aus, verstaute sie im Rucksack und ging barfuß weiter, wobei ich die hellviolett leuchtenden Fußabdrücke anderer »Aufsteiger« verfolgte. So kam ich voran.

Angekommen auf dem Kamm der Düne, mußte die erste Rast eingelegt werden. Weitere folgten, immer verbunden mit einer Pastellskizze. Die drückende Hitze ließ gar keine andere Maltechnik zu. So verbrachten wir den Tag. Wir wanderten auf dem Kamm entlang, bis wir schließlich wieder abstiegen, nun auf der Meeresseite. Daß ich wenigstens mit den Füßen ins Wasser ging, gehen mußte, versteht sich. Am nächsten Tag im Quartier erhielten wir alle die Aufgabe, uns malerisch mit der Düne auseinanderzusetzen. Dabei entstand mein erstes Bild, das ich nicht vor Ort gemalt habe, sondern erst später nach Skizzen, in diesem Falle im Quartier. Ich habe versucht, mit diesem Bild und einem weiteren meinen Eindruck von Größe, Hitze und von menschlichen Fußabdrücken im Sand zu zeigen.

Unterwegs nach Stettin

Im September 2006 fuhr ich mit einem Schiff von Ueckermünde nach Stettin. Bereits die Einfahrt in den Hafen war ein Erlebnis für mich. Und darauf folgte ja erst das Eigentliche, der Besuch der Altstadt, wobei ich dem Schloß und den Kirchen viel Zeit widmete. Am alten Markt betrachtete ich eingehend die reichverzierten gotischen Giebelhäuser. Das Besondere, das wirklich Außergewöhnliche an diesem Ausflug, war jedoch etwas anderes, etwas gleichsam Kleines. In Kamminke, einem Haff-Ort, der auf Usedom liegt, nicht auf dem Festland, gab es einen planmäßigen Aufenthalt. Und während eine große Gruppe von Fahrradtouristen zustieg, ging ich von Bord, um mir die Beine zu vertreten.

Ich schlenderte ein Stück am Kai entlang. So kam ich zu einigen großen Booten, die vertäut im Wasser lagen. Diese Szenerie packte mich: Vor der lichten Weite des Haffs wirkten jene Boote recht dunkel, zumal das Haff an einer Seite von einem leuchtend grünen Wiesenstreifen begrenzt war. Das wollte ich mir merken. Doch die Zeit lief, und mein Skizzenbuch hatte ich auf dem Schiff gelassen. In meiner Tasche fand ich ein Blatt aus einem Notizbuch, und darauf entstand nun mit wenigen Strichen eine ganz kleine Skizze, wenig größer als eine Streichholzschachtel. Anhand dieser Skizze erschuf ich später problemlos ein Bild (s. linke Seite und unten), denn der Gesamteindruck mit seiner Farbigkeit in Blau und Grün hatte sich mir eingeprägt. Und daran hat sich bis heute, 15 Jahre später, nichts geändert.

Am Haff bei Kamminke · Acryl, 50 × 70 cm, 2007 — Linke Seite, oben: **Abendstimmung** · Aquarell, 23 × 16 cm, 2002 (Ausschnitt) — Linke Seite, unten: **Am Haff bei Kamminke** · Skizze (hier stark vergrößert) · Diese Skizze diente als Vorlage für das Haff-Bild gleichen Namens.

Im Tante-Emma-Laden 32

In und um Saßnitz findet man viel Interessantes, so die bekannte Bäderarchitektur, steile Treppen, den Hafen und, natürlich, die berühmten Kreidefelsen. Früher gab es dort noch etwas anderes, etwas, das man andernorts kaum noch zu sehen bekam, nämlich einen Tante-Emma-Laden. Wir Kunsterzieher, die während des Wintermalens ja immer um die Ecke im Fürstenhof wohnten, kauften oft dort ein. In jener Wohngegend hörte man dann: »Die Maler sind wieder da.« Im Februar 2006 wurde dieser Laden für Erika Hartung und für mich sogar zum Atelier. Die hübsche Kassiererin, rothaarig, lange Ohrringe tragend, redegewandt, war ein malerischer Leckerbissen, und wir bekamen Appetit. Ein paar Männer, Kunden, sparten nicht mit deftigen Bemerkungen. Doch das störte uns nicht. Es konnte uns beim Malen nur beflügeln. So entstanden in kurzer Zeit zwei Bilder, die es wert sind, aufgehoben zu werden, nicht nur wegen des Erlebnisses, sondern weil sie gute Studien sind.

An der Kasse · Acryl, 40 × 40 cm, 2006 — Linke Seite: **Treppe an der Seestraße** (eine von vielen Treppen in Saßnitz) · Pastell, 46 × 34 cm, 2003 — 2015 hatte die Treppe ihre Farbigkeit eingebüßt, und anstelle des Tante-Emma-Ladens herrschte gähnende Leere hinter den Scheiben.

Dann lieber Kaffee und Kuchen 33

Nahezu jeder kennt Putbus wegen seiner weißen Häuser am Markt und am Circus. In der August-Bebel-Straße stößt man auf anderes, auf Torbögen aus alter Zeit, auf mit Kugeln besetzte Säulen an Hofeingängen. Im Jahre 2009 waren die Häuser in jener Straße kaum gepflegt, manche wirkten verkommen. Überall war Verfall, so daß ein Besucher wohl vermuten konnte, diese Gegend sei vergessen oder gar abgeschrieben worden. Aber gerade das reizt mich ja zum Malen, Altes, Schiefes, Verfallendes.

Als ich dort saß und einen baufälligen Torbogen malte, näherte sich mir ein Pärchen, das mir sehr konservativ zu sein schien, denn beide trugen Loden und Hütchen. So, wie sie die Straße musterten, aufmerksam, hatte ich den Eindruck, sie wollten ein Haus kaufen. Als sie bei mir angekommen waren, blieben sie stehen. Sie schauten mir zu, schienen interessiert zu sein, fragten sogar nach dem Preis. Ich wandte ein, das Bild sei ja noch nicht fertig, besann mich aber auf ähnliche Werke und nannte eine Zahl. Die beiden zögerten. Sie schauten sich gegenseitig an, dann wieder das Bild, dann den Torbogen drüben. Schließlich verblüfften sie mich mit dem Ergebnis ihrer Prüfung. Sie sagten nicht einfach nein, was ja durchaus zu erwarten war, sondern sie erklärten, sie würden doch lieber Kaffee und Kuchen nehmen. Was sollte ich davon halten? Ein Bild ist doch nicht für den Preis eines Kaffeegedecks zu haben. Waren die beiden dumm? Oder trauten sie sich nicht, einfach nein zu sagen? Am Abend erzählte ich diese Begebenheit meinen Malfreunden. Die wunderten sich zunächst, dann aber lachten sie laut und schallend.

Dreimal Putbus — **August-Bebel-Straße** · Acryl, 20 × 30 cm, 2009 — Linke Seite, oben: **Markt** (mit Ehrenmal) · Acryl, 30 × 40 cm, 2009 — Linke Seite, unten: **Rotes Haus** · Acryl, 20 × 30 cm, 2009 — Zu Putbus: Der Markt darf nicht mit dem berühmten Circus verwechselt werden.

In den einzelnen Erlebnissen erwähnte Weggefährten

Eberhard Baars, Kunsterzieher, war Lehrer an der EOS Frédéric Joliot-Curie und lange künstlerisch tätig, lebt in Neubrandenburg.

Siegfried Barz, Maler und Grafiker, lebt in Neu Banzin, poln. Bedzinko, westlich von Köslin; ist Mitglied im Pommerschen Künstlerbund.

Monika Bertermann, Krankenschwester, hat lange als solche gearbeitet, lebt in Neubrandenburg; hatte bereits früh Interesse an Kunst, bildete sich weiter, ist jetzt Malerin und Grafikerin und Mitglied im Künstlerbund Mecklenburg-Vorpommern.

Elise Borkowski, Kunsterzieherin, lebt in Neubrandenburg; ist Mitglied im Pommerschen Künstlerbund, hat in Neubrandenburg im *Kunstraum RWN Halle 14* ein Atelier.

Dieter Fuhrmann, † 2013, war Kunsterzieher, lebte zuletzt in Kühlenhagen bei Greifswald; wurde 1991 zum Gründungsvorsitzenden des BDK-Landesverbandes Mecklenburg-Vorpommern gewählt.

Erika Hartung, Kunsterzieherin, lebt in Brüsewitz bei Schwerin; ist Mitglied im Pommerschen Künstlerbund, hat ein eigenes Atelier, ist mit diesem bei der landesweiten Aktion *Kunst Offen* vertreten.

Helga Knaack, Kunsterzieherin, lebt in Neubrandenburg; ist Mitglied im Kunstverein Templin und Kursleiterin an der Volkshochschule Templin.

Harald Lüders, Kunsterzieher, lebt in Christiansberg bei Eggesin.

Philipp Mayer, † 2014, lebte zuletzt in Vogelsang bei Ueckermünde; war Kunsterzieher, hat jedoch nur kurzzeitig als solcher gearbeitet, fand den Weg zur bildenden Kunst, war dann Mitglied im Künstlerbund Mecklenburg-Vorpommern.

Manfred Prinz, Professor für Kunstpädagogik, lebt in Greifswald; war Vorsitzender des Pommerschen Künstlerbundes, ist jetzt dessen Ehrenvorsitzender.

Hella Reinsch, Kunsterzieherin, lebt in Schwerin; ist künstlerisch aktiv, nimmt regelmäßig an Malwochen teil.

Britta Schönbeck, Kunsterzieherin, lebt in Anklam; leitet Kunstkurse, arbeitet aber auch schöpferisch, vornehmlich auf den Gebieten Malerei und Plastik.

Renata Schwarz, Sonderschulpädagogin, lebt in Friedland; ist in ihrer Wohnanlage auf kulturellem Gebiet tätig.

Nachtrag zum 25. Erlebnis

Jorg Brücke, Architekt und Maler, * 14. Februar 1880 Neiße, Schlesien, † 25. Januar 1967 Halle in Westfalen, lebte von 1929 bis 1959 in Neubrandenburg. Brücke tat sich bei dem von ihm geleiteten Umbau des Altersheims in der Wollweberstraße und mit seiner Beteiligung am Umbau des Belvedere zum Ehrenmal hervor. Der Ausbau vieler Wohnhäuser machte ihn allgemein bekannt. Auch als Maler erwarb sich Brücke großes Ansehen. So war er Mitglied im Neubrandenburger Kunstverein und als solches in mehreren Ausstellungen vertreten. 1946/47 schuf er beeindruckende Bilder, die die bei Kriegsende zerstörte Innenstadt Neubrandenburgs zeigen. Letztere befinden sich heute im Schweriner Schleswig-Holstein-Haus.

Was noch zu sagen ist   B

»Kunstpädagogisches Profil hat der Kunsterzieher dann, wenn er mit Kunst lebt, wenn er in der Vermittlung von Kunst einen entscheidenden Lebensinhalt sieht, wenn er bestrebt ist, Einfluß auf die Lebensweise seiner Schüler zu nehmen, sie anzuregen und zu befähigen, ihr Leben durch das Erleben von Kunst zu bereichern.« Quelle: Kunsterziehung 1989, H. 4, S. 69

Seit meinem Studium, angeregt durch meinen Lehrer Martin Franz, trage ich Aussagen über Kunst und Politik, die mir bedeutsam erscheinen, auch so manchen eigenen Gedanken, in ein kleines Buch ein, so auch den oben stehenden Satz. Mein Anliegen als Kunsterzieherin war immer, die Schule und das Leben miteinander zu verbinden. So oft es möglich war, ging ich mit meinen Schülern hinaus aus Klassenraum und Schule, hinein ins echte Leben, in den Alltag der Menschen. Wir zeichneten die Stadttore, die Baggerarbeiten am See, und natürlich arbeiteten wir in der Natur. Meine Schüler sahen in zahlreichen Ausstellungen Werke von Künstlern der Region. Sie nahmen an Malwettbewerben teil und stellten bei vielen Gelegenheiten ihre eigenen Bilder aus. Und ich konnte erleben, daß sie beeindruckt waren, wenn ich ihnen Arbeiten von mir zeigte. Eine Schülerin, die ich immer den »Musterkönig der Schule« genannt hatte, schenkte mir bei ihrem Abschied aus der Schule ein Bild, das einen mit vielen Mustern geschmückten Trabant zeigt. Dieses Bild befindet sich heute in meiner Sammlung von regionaler Kunst.

Durch die aktive Mitarbeit im Bund Deutscher Kunsterzieher und später im Pommerschen Künstlerbund kam es für mich zu vielen Begegnungen mit Kollegen, zum Kennenlernen von Menschen, die ähnlich denken. Der fachlich-sachliche Austausch mit ihnen, die gegenseitigen Anregungen, bei denen weder Lob noch Kritik fehlte, das gesellige Zusammensein, das gute menschliche Miteinander, alles das hat dazu beigetragen, meine künstlerische Entwicklung zu fördern und mein Leben zu bereichern.

Am Beginn dieses Buches habe ich Ihnen, lieber Leser, Vergnügen gewünscht, und nun, am Schluß, hoffe ich natürlich, daß Sie dieses Vergnügen tatsächlich hatten. Und es soll weitergehen. Gewiß, das Malen und das (gelegentliche) Ausstellen sind jetzt, im höheren Alter, beschwerlicher, als sie es früher waren, dennoch mag ich nicht davon lassen. Ich trage bereits eine Menge (noch) nicht gemalter Bilder mit mir herum, und zweifellos wird auch deren Entstehung mit vielen interessanten Erlebnissen einhergehen.

Meinem Unterstützer

Die Arbeit an diesem Buch erforderte neben dem Niederschreiben der einzelnen Erlebnisse eine beachtlich große Menge an Kleinarbeit, wobei ich vor allem an die Bildbearbeitung und an die Bildunterschriften denke. Allein hätte ich das nicht geschafft. Großer Dank gebührt daher meinem Sohn Stephan, der mir trotz seiner Tätigkeit als Arzt, zumal in schwieriger Zeit, als Grafiker und als Lektor zur Seite stand und unermüdlich bei der Gestaltung des Buches mitgearbeitet hat.